La Décadence latine

Joséphin Péladan

Édition : BoD · Books on Demand, 31 avenue Saint-Rémy, 57600 Forbach, bod@bod.fr
Impression : Libri Plureos GmbH, Friedensallee 273, 22763 Hamburg (Allemagne)
ISBN : 978-2-3225-3277-3
Dépôt légal : Mars 2025

TABLE DES MATIÈRES

(ne fait pas partie de l'ouvrage original)

TABLE DES MATIÈRES

3

(ne fait pas partie de l'ouvrage original)

JOSÉPHIN PÉLADAN

LA

DÉCADENCE LATINE

LE VICE SUPRÊME

(DÉDICACE)

À Monsieur Jules Barbey d'Aurevilly.

À Vous le plus illustre de ceux que j'aime, le moins contesté de mes ouvrages.

Même avant ce septennaire d'édition où je le manifeste, le vice suprême n'était-il pas *Votre livre* parmi mes livres, dans l'esprit de tous implicitement dédié ?

L'explicité d'aujourd'hui renouvelle un ancien et double hommage.

Je Vous le vouais, pendant la parturition, selon la Norme de hiérarchie qui me fait tenant du Connétable des lettres catholiques : Et ma reconnaissance Vous le devait, après cet article dont je me suis fait une préface et une réputation.

Sur l'exemplaire que Vous avez fait relier et que Vous gardez présent. Vous qui d'ordinaire ne conservez les livres qu'en mémoire, il y a cette liturgie : *Fecisti mihi magna qui potens es.*

Et vraiment en me donnant Votre suffrage, Vous m'avez donné le succès : Ce même public, qui ne peut s'élever jusqu'à Votre génie, a obéi pourtant à Votre arrêt et, comme un Parlement docile, enregistré les lettres de noblesse romancière que Vous m'octroyez. N'est-ce pas sur Votre parole et la dépassant qu'on a essayé de m'écraser sous le nom colossal de Balzac ?

Eh bien ! Permettez-moi de Vous réconcilier avec Merodack, en Vous révélant le Mage que Vous êtes Vous-même ?

Ne voyez pour un moment dans l'hermétisme qu'une méthode d'individualisation, un mode de triple entraînement de l'esprit vers la Conception, de l'âme vers la

Bonté, du corps vers la Beauté, en un mot l'exode de l'orgueil individuel vers un Kanaan d'expansion.

Considérez que la thaumaturgie suprême réside à émouvoir les cerveaux et les cœurs pour y régner ; et dites-moi, lord Byron français, dont les pages vermillonnent de reflets de fournaises, incendiaires aux imaginations vives ; dites-moi, critique *des œuvres et des hommes*, qui, en vingt pages de clarté rationnelle, bâtissez un nouveau piédestal ou sapez un ancien ; dites-moi enfin, prodigieux Sagittaire de la conversation dont le trait pointé d'ironie et empenné de grâce ne dévie jamais du visé, si ces œuvres de génie ne sont pas des œuvres de magie ?

Votre attitude même, hautainement dédaigneuse dans cette fin de siècle qui semble la fin d'une descente de Courtille, Votre adhésion perpétuelle au Verbe de l'Église, la physionomie d'Alceste que Vous n'avez jamais démentie dans la vie littéraire, si corruptrice des nobles roideurs, sont dignes du plus grand Adepte.

Mais par-dessus toutes ces marques, sur Vous éclatantes, il en est une qui Vous mitre mieux encore : le prestige de Votre abord et l'invincible séduction de Votre commerce.

Votre intimité m'apparaît la plus haute fortune de cœur où un intellectuel de ce temps puisse prétendre.

Personne n'admire plus que moi le *Prêtre marié* et les *Diaboliques* ; mais en Vous l'homme est si au-dessus de l'œuvre ; Vous êtes plus grand que Votre génie même. Voilà pourquoi je n'ai pas eu besoin, pour fonder la fortune de mon œuvre, d'une autre magie que de la magie de Votre amitié.

Paris, Mai 1887.

J. P.

CURIEUSE !

V OYEZ, ces belles choses que nous montre le ciel :
Voyez ces astres errants qui cherchent leur cause,
voyez ces nébuleuses pareilles à nos cœurs que la
passion trouble. Voyez ces étoiles filantes qui traversent le
ciel comme une pensée traverse notre âme. Terrible
septénaire du destin, te voilà donc vaincu ! Jupiter, tu ne me
prendras à aucune vanité ; Saturne, je suis sorti de la
solitude où tu m'avais enfermé ; Soleil, tu ne m'éblouiras
pas avec de la gloire ; je vois plus loin que tes formes ;
Mars, tu ne troubleras d'aucune colère ma sérénité et mes
mains resteront pures de sang ; Lune, malgré toi j'ai fait de
tous mes caprices une unique volonté ; Vénus, vois donc
ces deux êtres qui malgré toi rejettent le sexe ; Mercure,
ascendant volatil, je t'ai fixé sur cette tête blonde ! Clous
d'opale rivés par le marteau des anges qui retenez le ciel,
rayonnez sur la double étoile terrestre que nous sommes,
couronnez de regards propices cette chère Ève ; que son
cœur, comme un lac profond et pur, vous reflète étincelles
d'amour, cierges de Dieu, Étoiles ! »

ÉROS-ROI

I

É ROS, roi des cœurs vagissants, Sagittaire railleur dont les flèches ignées hérissent de désirs les reins mortels !

De l'Olympe descends, et viens de ta divinité animer cette forme, pieusement pétrie, selon le rituel.

À t'évoquer, l'heure est propice : le taureau bondit au zodiaque ; Pasiphaé le suit, d'une course affolée, aux champs crétois. Les doux mystères du printemps, dans la forêt frissonnante, se révèlent à l'amant hardi, à la craintive amante. Les mondes, amoureusement dans leur ronde solaire, irradient jusqu'à nous de purs rayons de lumière.

L'air est plein de baisers flottants, qui effleurent très doucement les bras nus des vierges. Quel souffle chaud fait voltiger aux lèvres la moue d'un baiser, les poils follets aux nuques frêles ?

Le désir jaillit sous les pas, et, dans les plis droits des tuniques, des effluves montent, lubriques.

Alanguies, enlacées et le regard perdu, sous bois, elles s'en vont interroger les fleurs ; et, dans l'écorce des bouleaux, avec l'épingle de leurs cheveux, elles écrivent le nom qu'elles n'osent pas prononcer. Loin du pédagogue ennuyeux, l'adolescent rêveur s'esseule en des chemins ombreux pour écouter la voix nouvelle qui parle en lui et qui parle d'aimer. À travers le fourré, entend-il point ricaner les vieux faunes ? aperçoit-il pas l'éclair charnel d'une nymphe surprise et qui fuit vers les saules, un péplos mal jeté sur ses beaux membres nus ?

Éros, roi des cœurs vagissants. Sagittaire railleur dont les flèches ignées hérissent de désirs les reins mortels !

De l'Olympe descends, et viens de ta divinité animer cette forme, pieusement pétrie, selon le rituel.

II

Éros, roi des cœurs battants, titilleur des seins turgescents, entremetteur de la nature entière, proxénète par qui tout rut est exaucé !

Insuffle à cette argile et l'extase amollie du plaisir qui s'avance et les spasmes vibrants.

C'est toi qui règnes et resplendis quand, sous l'or d'Hélios, la strideuse cigale chante les pâmoisons de la terre enflammée, quand l'argent de Phœbée poudroie dans la nuit bleue ; autant de cubicules, autant d'autels, Éros ! autant de sacrifices en ton nom, puissant Dieu !

Comme des lutteurs acharnés, l'un à l'autre liés, les amants ne sont plus qu'un seul corps ; ils balbutient des mots perdus dans les baisers ; en leurs fauves ardeurs ils crient et mordent. Zeus alors peut lancer ses foudres redoutables, Poséidon soulever les vagues monstrueuses et celles-ci vomir des dragons effroyables, sans troubler seulement ces mortels enivrés. Le battement de leurs artères et la pulsation de leur cœur les fait semblables aux Dieux, extasiés et solitaires, sans pensée et sans peur.

Éros, roi des cœurs battants, titilleur des seins turgescents, entremetteur de la nature entière, proxénète par qui tout rut est exaucé !

Insuffle à cette argile et l'extase amollie du plaisir qui s'avance et les spasmes vibrants.

III

Éros, roi des cœurs mourants, déceveur des âmes candides, qui souffles l'inconstance au cœur, la lassitude au corps !

Donne à cette effigie le regard éperdu d'un grand amour trompé, artisan des déceptions amères !

Lamentables et obstinées, les chercheuses d'amour ne te maudissent pas ; les seins pendants, les lèvres lasses et le corps tout meurtri aux combats du plaisir, elles mendient encore un même amant trompeur.

D'autres à l'abandon ne se résignent pas, et de la même main qui versait la caresse, broient la ciguë ; impuissantes à garder leur amant, elles le donnent à la Mort !

Plus avides, les mâles fourragent les baisers sur les lèvres qui passent, et, presque sans choisir, errent de femme en femme, sans jamais assouvir leur turpide désir. Là-bas, à l'écart, le rocher de Leucade atteste, ô dieu de la vie, que tu fiances à la mort ; l'humanité te fait, Éros, un effrayant cortège : les râles du trépas, les râles du plaisir, affreusement se mêlent ; ces cris confus sont-ils de haine ou de bénédiction, ces passionnés, tes serfs, sont-ils sages ou fous ? Charmes-tu la vie ou bien si tu la troubles ?

Éros, roi des cœurs mourants, déceveur des âmes candides, qui souffles l'inconstance au cœur, la lassitude au corps !

Donne à cette effigie le regard éperdu d'un grand amour trompé, artisan des déceptions amères !

Éros, roi des formes aimées, au milieu de l'oubli d'un siècle inconscient, tu renais sous ma main et ta gloire à nouveau par mon art apparaît.

Aux Érotides, les Thespiens t'ont-ils voué plus bel icône ? Je t'ai ressuscité, Éros, pour te braver et te vaincre. Vois en moi Anteros, le hiérophante-maître.

La forme splendide où tu revis n'est que le signe de ma volonté : sous ces traits d'argile, j'enchaîne tes prestiges et tes charmes, et la cause seconde qui fait ta force. J'ai brisé la ligne verte dès longtemps et je la brise aujourd'hui pour cette vierge : aussi t'ai-je donné le double charme Asmodéen. Règne sur les multitudes, Éros ; elles sont viles et dignes d'un tel roi ; mais souviens-toi de docilement servir ceux qui marchent sur l'aspic et le basilic et qui foulent le lion et le dragon ».

—

LE BOUDOIR DES PLATANES

—

U N nègre m'introduisit.

Je m'attendais à un spectacle, ce fut une sensation. Avant de rien voir, je me sentis enveloppé d'une caresse d'atmosphère où des tiédeurs odorantes vaporisaient une spirituelle volupté ; et troublé de cette émotion de l'église vide où flottent encore les vapeurs d'encens et les vibrations d'orgue d'un Salut.

Réalisation optique de cette impression, hallucinante comme tous les apports du hiératisme au prestige sentimental, le retable de cette chapelle féminine apparut.

Seul, sur un mur tendu de velours nacarat broché d'or, un portrait avivait le vaste boudoir, d'une présence fluidique.

On s'étonne parfois d'avoir méjugé quelqu'un entr'aperçu dans une foule, qui, rencontré à nouveau et mieux regardé vous retient et captive. Dans la cohue des cadres de 1883, ce Cabanel m'avait séduit ; mais me roidissant contre sa grâce et poursuivant sur le peintre à la mode le goût imbécile des gens du monde, j'avais, pour obéir à des commandements de doctrine esthétique, appliqué injustement l'*in odium auctoris* à cette œuvre, un chef-d'œuvre, l'unique de M. Cabanel ; qui a su rendre une adorable femme, là où un pourctraicteur d'âmes, comme le Vinci, eût découvert une sœur de la Joconde.

Et d'abord, rencontre heureuse, le costume ne date contemporainement, ni archaïse pour atteindre au style.

Un corsage noir dénudant les plus belles, les plus tombantes épaules, la blancheur du bras nu, barrée d'une mantille de dentelles noires aussi ; et c'est tout l'attirail. Sur ce col que la Bible compare à une tour pour sa rondeur, rêve une tête sphingienne qui regarde devant elle, mais au-delà du réel.

Baignés d'un clair obscur mystérieux, les yeux immenses « qu'un ange très savant a sans doute aimantés », regardent d'ineffables choses ; et réverbèrent une surhumaine mélancolie, tandis que passe sur l'arc vibrant des lèvres détendues, la douceur et le défi d'une ironique bonté.

Autel au-dessous de l'icône vénéré, un large divan couvert de peaux d'ours gris : et s'étayant, se surperposant, un amoncellement de coussins montant vers la Dame, avec des formes disparates et des tons éclatants.

Au pied du divan, trône sur une table d'ébène, chargé de bijoux précieux, un Dante italien rarissime, rappel de haute intellectualité ; et dessous, en des étagères tournantes, les livres de chevet, les poètes confidents que je n'osai regarder ; le choix de ses lectures confesse-t-il pas une femme, à moitié ?

L'œil, quittant ce coin d'oratoire profane, ne s'orientait plus, à travers l'harmonieux désordre du décor multiplié. Le grouillis du bibelot, l'accumulation du joli détail, l'infime variété des couleurs impossibilisait l'analyse, condamnant à un effet d'ensemble, comme un tutti d'opéra où l'oreille ne saurait percevoir le rôle respectif et la partie relative de chaque instrument.

À peine accrochée à un bronze florentin, l'attention était sollicitée par une majolique, vaste comme un bouclier où Europe s'abandonne, sur la croupe du Dieu. Distrait de la broderie d'une chasuble espagnole par la grimace d'un dragon ; un vieux calice m'ouvrait les perspectives claustrales d'un Saint Trophime et la statuette d'Ammon-Ra-Harmakis me chantait le viel hymne d'Heliopolis : « Seigneur des formes, tu as soulevé le ciel d'en haut pour élever ton âme ; épervier saint, phénix aux ailes prismatiques, avance sur ta mère Nout, Seigneur de l'Éternité. »

À travers le dessin oscillant d'un rideau fait de longs fils de perles multicolores, fuyait une serre, qu'emplissent de doux bruits se répondant, le gazouillis d'une volière et le jasement d'un jet d'eau. Des daphnés se pâmaient dans des coupes : et subjugué par la souveraine grâce de femme partout imprégnée ; enfermé dans un cercle de Popilia, j'aperçus bien un mignon pupitre ; j'y pris, au lieu de plume, une cigarette orientale et l'idée que j'étais venu pour écrire s'effaçait de mon esprit ; toute une revenance de Chimère développait sa chorie en mon âme.

Soudain frappèrent ma vue, un encensoir et sa navette : comme Achille à Scyros se trahit quand Ulysse montra une épée, l'adepte tressaillit devant le vase sacré que n'ont touché jamais que des mains sacerdotales ou magiques. Surcroît d'étonnement ! la navette contenait du storax, de l'encens, de la myrrhe et du sandal, mélange poussiéreux d'un gris rouge, que nul prêtre romain n'avait pu composer. C'était donc un frère rose croix qui me tendait cette mixture, à travers trois siècles.

Je pris des braises au foyer, et thuriféraire recueilli devant le Portrait, je balançai longtemps l'encensoir.

Quand descendit le crépuscule, il enveloppa de ses ombres, un platonicien qui rêvait dans des nuages de parfums !

———

—

L'ÉGALITÉ MILITAIRE

—

N'ATTENDONS pas, mes pairs, que la vermine égalitaire qui nous monte aux jambes nous soit aux épaules ; soyons un État dans l'État et contre l'État, s'il nous méconnait ; les peuples n'ont jamais été que des plèbes, toute grandeur est un individu, et des patries éphémères nos œuvres seulement demeurent : Hiérouchalaïm morte, la Thorah toujours debout ralliera éternellement Israël ; Assour disparu, les briques la sauvent de l'oubli ! Nous sommes l'histoire ; le fait n'a lieu que si nous l'écrivons : Xénophon a rendu sa retraite plus célèbre qu'aucune conquête et la victoire de Samothrace c'est un sculpteur qui l'a gagnée !

Dieu des armées, blasphème infâme ; *Deus Sebaothe* signifie Dieu du Septenaire ; c'est-à-dire Dieu de l'entendement ; prenez garde, bourgeois, ce qu'en révolution vous prenez pour du sang, c'est notre encre. La mémoire du plus grand des soudards, général Campenon, est écrasée par une brochure de Chateaubriand, la malédiction de Lamartine et l'anathème de Barbier.

Lettrés de l'Occident, humanistes, mes frères, au nom du tiers ordre intellectuel et de la solidarité, je vous prends à témoin que la France respecte l'employé des postes et des chemins de fer et livre les écrivains aux coups de crosse de l'armée.

Comme le Danaos d'Eschyle je pousse devant moi les cinquante filles de mon imagination, toutes portant le rameau qui supplie. À l'abrutissement des fils d'Egyptos elles se refusent : « cette entreprise ne lui permettez de réussir contre toute raison ; et la violence, ô Dieux vous qui la haïssez, voyez-la pour la punir. » Je me mets sous la protection de l'opinion publique, trouverai-je pas un Pelasgos parmi mes lecteurs ? Je donne rendez-vous à la Civilisation devant la prochaine affiche blanche ; on verra l'auteur de la *Décadence latine*, crier « à l'assassin » et l'assassin ce sera la France !

Général des livres que j'ai lus, connétable de ceux que j'ai faits, je n'accepterai le métier militaire que lorsque l'état-major acceptera le mien : et puis qu'il m'égale, je lui répète le défi de finir la phrase inachevée. Je suis de l'armée de la langue, je ne veux pas être opprimé par l'armée du sol.

Devant l'Occident et devant l'avenir j'accuse la France de m'avoir emprisonné sans jugement, torturé, insulté ; de m'avoir mis en danger de mort et en impuissance de travail, pendant trois mois.

Devant l'Occident et devant l'avenir, j'accuse la France de me livrer à l'armée, sans que je puisse en appeler à un tribunal de ce qui m'est fait ; je l'accuse de me traiter comme un voleur puisque je suis en surveillance et comme ennemi puisqu'elle me jette dans ses prisons de torture et qu'elle me vise de ses deux millions de fusil.

On a chassé ceux qui prient ; on veut exterminer ceux qui pensent ; eh bien que vos canons tonnent et que vos baïonnettes luisent ! ils ne couvriront pas l'anathème que je lance ; elles n'effaceront pas ces paroles que j'écris sur le mur de « cette caserne philosophique où nous vivons depuis quatre-vingts ans : »

CUR TEUTONICA ?

JAM BARBARIA ET GALLIA.

JOSÉPHIN PÉLADAN.